KB247522

1 YEAR
PROJECT

. . .

내 인생 최고의 목표를 완성하는 시간

하우석 지음

다온북스

YEARLY PLAN 2017

	1 JAN	2 FEB	3 MAR	4 APR	5 MAY	6 JUN
1						
2						
3						
4						
5						
6						
7						
8						
9						
10						
11						
12						
13						
14						
15						
16						
17						
18						
19						
20						
21						
22						
23						
24						
25						
26						
27						
28						
29						
30						
31						

	7 JUL	8 AUG	9 SEP	10 OCT	11 NOV	12 DEC
1						
2						
3						
4						
5						
6						
7						
8						
9						
10						
11						
12						
13						
14						
15						
16						
17						
18						
19						
20						
21						
22						
23						
24						
25						
26						
27						
28						
29						
30						
31						

나만의 산티아고를 찾아서

산티아고 순례길(Route of Santiago de Compostela)

수백 킬로미터에 이르는 거친 산길을 걷겠다는 일념만으로 전 세계인들이 스페인 북부로 모여든다.

대체 무엇을 얻기 위해 순례길을 걷는 걸까. 공통된 두 가지 목적이 있다.

첫째, 무엇을 버릴 것인가.

수백 킬로미터를 걷겠다고 나선 자체가 이미 많은 것을 내려놓겠다는 의지의 표명이다. 쾌적한 리조트를 마다하고 비싼 비행기 값을 지불해가며 하필 지구 반대편까지 와 '사서 고생'하는 순례자들. 그들이 뜨거운 태양에 맞서고 고독한 새벽과 싸워가며 걷는 기나긴 침묵의 시간 속에서 할 수 있는 일이라고는 오직 비워내는 일뿐이다. 배낭의 짐으로부터 머리 속의 생각, 마음 속 탐욕,

과거 속 영광과 과오, 미래의 무거운 짐. 온갖 불필요한 것들을 덜어내고 또 비워낸다.

둘째, 무엇을 지킬 것인가.

순례길은 결국 어디선가 끝이 난다. 비록 산티아고 순례길은 끝날지라도 '인생'이란 이름의 순례길은 계속된다. 저마다 주어진 '인생'의 순례길을 완주하기 위해서는 놓쳐서는 안 될 것, 죽는 날까지 소중히 간직해야 할 것들이 있다. 산티아고 순례자들은 그 답을 얻기 위해 치열하게 고민한다. 걷고 걷다보면, 생각하고 생각하다 보면 어렴풋한 무언가가 그림자처럼 다가와 서서히 그 형체를 드러내기 시작한다. 평생 내가 믿고 따라야 할 가치, 누구에게도 휘둘려서는 안 될 나만의 정체성, 삶의 방향을 잡아줄 꿈과 비전. 이런 소중한 것들을 가슴에 고이 품은 채 순례자는 산티아고를 떠난다.

무엇을 버릴 것인가.

무엇을 지킬 것인가.

이 답을 찾기 위해 꼭 산티아고로 향해야만 할까. 그렇지 않다.

이렇게 다짐만 하면 된다.

'오늘부터 난 마음 속 산티아고 순례길을 걸을 것이다. 무엇을 버릴 것인가. 무엇을 지킬 것인가. 치열하게 묻고 답하며 나만의

답을 찾아낼 것이다.'

'자연을 시간으로 구분하는 자는 현자가 아니다.'

장자의 말이다.

하루를 25시간처럼, 48시간처럼 사는 이들이 있다. 초능력자가 되어야 하나. 아니다.

버리기. 지켜내기. 이 두 가지만으로도 우리는 초능력자 못지 않게 자연의 시간을 거슬러 시간의 주인, 세월의 지배자가 될 수 있다. 시간에 쫓기지 않고 세월을 탓하지 않으며, 진정한 나다움을 느끼며 참 행복을 누릴 수 있다.

이 다이어리가 참 행복의 동행자가 되길 희망한다.

산티아고에서

하우석

JANUARY

바로 지금부터 시작이다

인생을 한 마디로 정의하면 무엇일까?

그건 바로 '전략'이다.

우리는 살아가면서 끊임없이 크고 작은 전략들을 세운다. 결혼을 할 때, 집을 장만할 때, 아이를 키울 때, 직장을 옮길 때, 노후 계획을 짤 때 우리에게 필요한 것은 전략이다. 그리고 그 전략대로만 인생을 밀고 나갈 수 있다면 누구나 성공을 얻을 수 있다.

하지만 성공하는 사람은 언제나 소수다. 이를 뒤집어 말하면, 우리의 대부분이 성공하지 못하는 이유는 다음 3가지로 요약된다. 전략을 잘못 세웠거나, 전략을 실행에 옮기는 데 지지부진했거나, 처음부터 전략이 부재했거나.

무조건 열심히 사는 것은 결코 미덕이 될 수 없다. 열심히 사는 동시에 전략적으로 살아야 한다. 그리고 그 전략은 낮은 목표를 조준해서는 안 된다. 인생을 완전히 바꿀 만한 터닝 포인트를 만들어내는 과감한 목표에 그 초점이 맞춰져야한다. 우리의 인생 전략이 자꾸만 실패로 끝나는 이유가 바로 여기에 있다. 지금 현재 발 딛고 있는 토대를 송두리째 혁신하는 전략보다는 고작 한 뼘 앞으로 나아가는 '작은 개선'에 안주하기 때문에 우리는 자꾸 원점으로 회귀하고 마는 것이다. 같은 시기에 대리가 됐지만 5년 후, A는 사내 스타트업의 이사가 되어 모회사의 두둑한 지원 하에 독립을 준비하고 있는 반면 B는 만년대리 신세다. 과감한 목표에 도전한 자와 작은 개선에 만족한 자의 격차는 이만큼 크다.

지금도 늦지 않았다. 지금부터 1년 후의 모습을 마음껏 그려 보라.

그 수많은 그림들 속에서 당신이 가장 간절하게 원하는 모습이 무엇인지 선택해보라. 그리고 오늘부터 그 모습을 얻기까지의 전략을 짜라.

인생의 모든 것이 달라지는 프로젝트를 출범시켜라.

JANUARY

SUN	MON	TUE
	1 신정	2	3
	8	9	10
	15	16	17
	22	23	24
	29	30 대체 휴일	31

바로 지금부터 시작이다

WED	THU	FRI	SAT
4	5	6	7
11	12	13	14
18	19	20	21
25	26	27	28 설날
1	2	3	4

JANUARY

MONDAY

TUESDAY

WEDNESDAY

THURSDAY

쉬워 보이는 일도 해보면 어렵다. 못할 것 같은 일도 시작해 놓으면 이루어진다.

- 채근담

FRIDAY

SATURDAY

SUNDAY

WEEKLY PLAN

- ☐
- ☐
- ☐
- ☐

JANUARY

MONDAY

TUESDAY

WEDNESDAY

THURSDAY

많은 사람이 재능의 부족보다 결심의 부족으로 실패한다.
- 빌리 선데이

FRIDAY

SATURDAY

SUNDAY

WEEKLY PLAN

- ☐
- ☐
- ☐
- ☐

JANUARY

MONDAY

TUESDAY

WEDNESDAY

THURSDAY

작은 계획에는 사람의 피를 끓게 하는 마법의 힘이 없다. 보다 큰 계획을 세우고,
소망을 원대하게 한 후에 일을 하라. - 짐 콜린스

FRIDAY

SATURDAY

SUNDAY

WEEKLY PLAN

- ☐
- ☐
- ☐
- ☐

JANUARY

MONDAY

TUESDAY

WEDNESDAY

THURSDAY

인생의 행운은 모두 계획에서 비롯된다.
- 브랜치 리키

FRIDAY

SATURDAY

SUNDAY

WEEKLY PLAN

JANUARY

MONDAY

TUESDAY

WEDNESDAY

THURSDAY

꿈을 날짜와 함께 적어놓으면 그것은 목표가 된다.
- 그레그 레잇

FRIDAY

SATURDAY

SUNDAY

WEEKLY PLAN

MEMO

MEMO

MEMO

MEMO

MEMO

FEBRUARY

아무것도 하지 않기 때문에 실패한다

당신이 밀고 나가야 할 전략의 가장 큰 적은 '냉소'다. 당신 자신을 향해 습관적으로 던지는 차가운 비웃음. 냉소는 도약하려는 인생의 발목을 끊임없이 붙잡고 늘어진다. 무심코 방치하면 냉소는 엄청나게 빠른 속도로 인생을 먹어치우는 무서운 공룡이 되고 만다. 무서운 적이 되기 전에 단칼에 베어내야 한다.

아침에 늦잠을 잔다. '또 지각이군. 내가 그렇지 뭐.'

플랫폼에 내리기 직전 지하철 문이 닫힌다. '난 늘 그래.'

출근시간을 넘겨 조심조심 자리로 가는데, 부장과 맞닥뜨린다. '운도 지지리 없는 인간이야, 난.'

사내 아이디어 공모전 소식이 그룹웨어에 뜬다. '설사 응모를 해본들 내가 되겠어.'

퇴근 후 동창 모임에서 만난 한 친구가 주식으로 돈을 벌었다며 너스레를 떤다. '좋겠다. 나도 한번 해봐? 흠… 주식이 오를 만큼 올랐는데, 지금 들어간다고 뭐 되겠어? 그나저나 저 녀석, 참 운 좋네.'

그러지 않길 바라지만 혹시 이 같은 이야기들에 공감되는 부분이 있는가? 여전히 의심되는가? 무엇에 대한 의심인가? 자신의 능력? 당신에 대한 세상의 호의?

톨스토이는 이렇게 말했다. "모두가 세상을 변화시키려고 생각하지만, 정작 스스로 변하겠다고 생각하는 사람은 없다."

어제와 다른 내가 되고 싶다면, 더 나은 것을 내놓고 몸을 움직이고 싶다면 '이렇게 하면 어떨까?'라거나 '왜 안 된다는 거지?' 등과 같은 질문에서부터 일을 시작하면 된다.

그렇다, 지금 당신에게 필요한 것은 냉소를 끊어내고 질문을 시작하는 것이다.

FEBRUARY

	SUN	MON	TUE
MEMO	29	30	31
	5	6	7
	12	13	14
	19	20	21
	26	27	28

아무것도 하지 않기 때문에 실패한다

WED	THU	FRI	SAT
1	2	3	4
8	9	10	11
15	16	17	18
22	23	24	25
1	2	3	4

FEBRUARY

MONDAY

TUESDAY

WEDNESDAY

THURSDAY

자신은 할 수 없다고 생각하고 있는 동안 사실은 그것을 하기 싫다고 다짐하고 있는 것이다.
그러므로 그것은 실행되지 않는 것이다. - 스피노자

FRIDAY

SATURDAY

SUNDAY

WEEKLY PLAN

- [ ]
- [ ]
- [ ]
- [ ]

FEBRUARY

MONDAY

TUESDAY

WEDNESDAY

THURSDAY

당신이 그것을 꿈꿀 수 있다면, 당신은 그것을 할 수 있는 것이다.
- 월트 디즈니

FRIDAY

SATURDAY

SUNDAY

WEEKLY PLAN

- ☐
- ☐
- ☐
- ☐

FEBRUARY

MONDAY

TUESDAY

WEDNESDAY

THURSDAY

문제를 직면한다고 해서 다 해결되는 것은 아니다. 하지만 직면하지 않고서
해결되는 문제는 없다. -제임스 볼드윈

FRIDAY

SATURDAY

SUNDAY

WEEKLY PLAN

- [ ]
- [ ]
- [ ]
- [ ]

FEBRUARY

MONDAY

TUESDAY

WEDNESDAY

THURSDAY

어느 누구도 과거로 돌아가서 새롭게 시작할 수는 없지만 지금부터 시작해서
새로운 결말을 맺을 수는 있다. -카를 바르트

FRIDAY

SATURDAY

SUNDAY

WEEKLY PLAN

☐

☐

☐

☐

FEBRUARY

MONDAY

TUESDAY

WEDNESDAY

THURSDAY

성공이란 열정을 잃지 않고 실패를 거듭할 수 있는 능력이다.
- 윈스턴 처칠

FRIDAY

SATURDAY

SUNDAY

WEEKLY PLAN

- [ ]
- [ ]
- [ ]
- [ ]

MEMO

MEMO

MEMO

MEMO

MEMO

탈출구가 아니라 돌파구를 찾아라

'나는 이깟 일보다 더 크고 멋진 일을 해야 어울리는 사람'이라며 눈앞의 일을 하찮게 여기는 사람한테는 그 누구도 기회의 끈을 던져주지 않는다. 월급쟁이를 그만두고, 새로운 길을 자신 있게 걸어가는 사람들은 틀림없이 월급쟁이 시절에도 자기에게 주어진 일만큼은 최선을 다해 수행한 사람임에 틀림없다. 그렇지 않고서는 다른 업종, 다른 분야, 다른 일에서도 성공하기가 힘들다.

뜨겁게 열망하라. 그래야만 당신은 기회의 숲으로 진입할 수 있을 것이다.

당신이 삶을 모험처럼 살고 하나의 결심을 온전히 받아들이기 위해 발전시켜야 할 핵심적인 기술 중 하나는 사건과 환경들 속에서 문제가 아니라 기회를 찾는 태도다.

당신은 무엇을 원하는가?

당신이 열정적으로 매달릴 수 있는 일은 무엇인가?

당신에게 진정 중요한 삶의 요소는 무엇인가?

그런 다음 당신의 열망이 당신의 삶을 이끌어갈 수 있도록 하라. 미지근한 열망으로는 죽도 밥도 안 된다. 월급쟁이로도, 사업가로도, 프리 에이전트(free agent)로도, 그 어느 것으로도 성취할 수 없다. 성공할 수 없다. 열망이 없는 곳에는 축복도 없고 기회도 없다. 열망이 없이는 꿈, 비전, 목표가 손가락 사이로 모래가 빠져나가듯 허망하게 사라져갈 뿐이다.

MARCH

	MEMO		SUN		MON		TUE
		26		27		28	
		5		6		7	
		12		13		14	
		19		20		21	
		26		27		28	

탈출구가 아닌 돌파구를 찾아라

	WED		THU		FRI		SAT
1 삼일절	2	3	4
8	9	10	11
15	16	17	18
22	23	24	25
29	30	31	1

MARCH

MONDAY

TUESDAY

WEDNESDAY

THURSDAY

자신에게 명령하지 못하는 사람은 남의 명령을 따를 수밖에 없다.

- 니체

FRIDAY

SATURDAY

SUNDAY

WEEKLY PLAN

- [ ]
- [ ]
- [ ]
- [ ]

MARCH

MONDAY

TUESDAY

WEDNESDAY

THURSDAY

세상에서 가장 불쌍한 인간은 볼 수 있으되 비전이 없는 사람이다.
- 헬렌 켈러

FRIDAY

SATURDAY

SUNDAY

WEEKLY PLAN

- ☐
- ☐
- ☐
- ☐

MARCH

MONDAY

TUESDAY

WEDNESDAY

THURSDAY

우리가 무슨 생각을 하느냐가 바로 우리가 어떤 사람이 되는지를 결정한다.
- 오프라 윈프리

FRIDAY

SATURDAY

SUNDAY

WEEKLY PLAN

- ☐
- ☐
- ☐
- ☐

MARCH

MONDAY

TUESDAY

WEDNESDAY

THURSDAY

소위 성공한 사람들이란 뛰어난 능력의 소유자라기보다는
열망을 소유한 사람들이라는 사실을 발견할 수 있다. - 존 맥스웰

FRIDAY

SATURDAY

SUNDAY

WEEKLY PLAN

☐

☐

☐

☐

MARCH

MONDAY

TUESDAY

WEDNESDAY

THURSDAY

인생에서 원하는 것을 얻기 위한 첫번째 단계는 내가 무엇을 원하는지 결정하는 것이다.
- 벤 스타인

FRIDAY

SATURDAY

SUNDAY

WEEKLY PLAN

- [ ]
- [ ]
- [ ]
- [ ]

MEMO

MEMO

MEMO

MEMO

MEMO

APRIL

미래에 닥쳐올 악몽을 미리 꾸어라

도전하지 않는 것, 새로운 시도를 하지 않는 것, 가만히 앉아 있는 것 또한 자신의 선택이고 자신의 행동이다. 우리는 종종 이런 착각을 한다. '특별하게 시도한 게 없으니 문제도 없고, 화도 없겠지. 그냥 물 흐르듯 흘러가겠지.' 하지만 우리의 이런 선택, 이런 태도는 반드시 특정한 결과를 불러온다. 우리의 바람과 상관없이.

우리가 '1년 전략'을 세우는 이유는 무엇인가? 그건 바로 우리 인생에 '충격'을 주기 위해서다. 겉으론 잔잔해 보이지만 사실은 급물살에 휘말려 떠내려가고 있다는 현실을 직시하기 위해서다. 당장은 아무 일도 없을 것처럼 고요해보이지만 사실은 태풍의 눈 안에 앉아 있다는 사실을 각성하기 위해서다.

우리는 편안함과 안락함을 이유로 분명한 위험을 인지한다 할지라도 그것이 불편한 진실이라면 외면하고 만다. 따라서 당신의 1년 전략은 보고 싶은 것만 보는 전략이 되어서는 안 된다. 불편하고 거슬리고 충격적인 것들을 직시할 수 있는 전략이어야 한다. 허황한 장밋빛 꿈이 전략에 담겨서는 안 된다. 그보다는 미래에 닥쳐올 악몽을 먼저 철저하게 고려해야 한다.

미래의 악몽을 먼저 그려봄으로써 그 악몽이 현실이 되는 일을 결사적으로 막는 전략이 당신에게는 필요하다.

어떤 경우에도 눈을 감고 고개를 돌려서는 안 된다. 불편할수록, 힘겨울수록 두 눈을 부릅뜨고 그것들의 실체를 치밀하게 들여다보아야 한다. 그때야 비로소 당신의 미래가 장밋빛 인생으로 거듭나게 될 것이다.

APRIL

	MEMO		SUN		MON		TUE
		26		27		28	
		2		3		4	
		9		10		11	
		16		17		18	
		23 30		24		25	

	WED		THU		FRI		SAT
29		30		31		1	
5		6		7		8	
12		13		14		15	
19		20		21		22	
26		27		28		29	

APRIL

MONDAY

TUESDAY

WEDNESDAY

THURSDAY

계획이란 미래에 관한 현재의 결정이다.
- 피터 드러커

FRIDAY

SATURDAY

SUNDAY

WEEKLY PLAN

- [ ]
- [ ]
- [ ]
- [ ]

APRIL

MONDAY

TUESDAY

WEDNESDAY

THURSDAY

인생은 흘러가는 것이 아니라 채워지는 것이다. 우리는 하루하루를 보내는 것이 아니라
내가 가진 무엇으로 채워가는 것이다. - 존 러스킨

FRIDAY

SATURDAY

SUNDAY

WEEKLY PLAN

- [ ]
- [ ]
- [ ]
- [ ]

APRIL

MONDAY

TUESDAY

WEDNESDAY

THURSDAY

인간을 현재의 모습으로 판단한다면 그는 더 나빠질 것이다. 하지만 그를 미래의 가능한 모습으로
바라보라. 그러면 그는 정말로 그런 사람이 될 것이다. — 괴테

FRIDAY

SATURDAY

SUNDAY

WEEKLY PLAN

☐

☐

☐

☐

APRIL

MONDAY

TUESDAY

WEDNESDAY

THURSDAY

내가 아직 살아있는 동안에는 나로 하여금 헛되이 살지 않게 하라.
– 에머슨

FRIDAY

SATURDAY

SUNDAY

WEEKLY PLAN

- ☐
- ☐
- ☐
- ☐

APRIL

MONDAY

TUESDAY

WEDNESDAY

THURSDAY

인생은 변화하고 성장은 선택사항이다. 현명하게 선택해야 한다.
- 카렌 카이져 클락

FRIDAY

SATURDAY

SUNDAY

WEEKLY PLAN

◯

◯

◯

◯

MEMO

MEMO

MEMO

MEMO

MEMO

MAY

겨누지 않고 쏘면 100% 빗나간다

목표에 도달하고 싶으면 이미 그 자리에 도달한 자신의 모습을 상상해야 한다. 당신이 되고 싶은 것, 하고 싶은 것, 갖고 싶은 것을 마음속에 그려야 한다. 정상을 넘어선 사람이 되어 학위를 받고, 꿈같은 집에 살면서 가족과 행복한 생활을 누리는 모습을 생생하게 그려야 한다. 바라는 직위를 얻은 자신, 책을 쓰는 자신, 연설하는 자신, 훌륭한 골퍼가 된 자신, 체중 감량에 성공한 자신, 경기에 이긴 자신, 기타 목표가 무엇이든 그것이 된 자신을 미리 만나야 한다.

원대한 비전만으로는 부족하다. 정말 원한다면 그 원대한 계획을 구체적으로 그려내야 한다. 당신은 원하는 삶을 살고 있는 자신의 모습을 얼마나 구체적으로 묘사해낼 수 있는가?

두루뭉술해선 곤란하다. 자신이 살아갈 삶을 불명확하게 품고 있다는 것은 그만큼 자신의 삶에 대한 애착, 책임감이 낮다는 의미다. 더 사랑하라. 더 책임져라. 이를 위해서는 미래의 삶, 미래의 모습을 구체적으로 그릴 줄 알아야 한다.

'나는 이러이러한 철학과 가치관을 갖고 살겠다.'

'나는 나만의 인생관을 삶 속에 구현하기 위해 이러한 일을 하며 살겠다.'

개념이나 구상, 아이디어를 구체적인 문장과 이미지로 만들 수 있어야 한다. 또 삶의 방향성도 정해야 한다. 미래 어느 날의 한 단면을 뚜렷하게 표현할 수도 있어야 한다.

인생을 살아가는 데는 오직 두 가지 방법밖에 없다. 모든 것을 기적이 아닌 것으로 받아들이는 삶, 그리고 모든 것을 기적처럼 받아들이는 삶이다.

당신은 인생의 두 가지 방법 중 어떤 것을 택할 것인가?

MAY

MEMO		SUN		MON		TUE
		30		1		2
		7		8		9
		14		15		16
		21		22		23
		28		29		30

WED	THU	FRI	SAT
3 석가탄신일	4	5 어린이날	6
10	11	12	13
17	18	19	20
24	25	26	27
31	1	2	3

MAY

MONDAY

TUESDAY

WEDNESDAY

THURSDAY

FRIDAY

SATURDAY

SUNDAY

WEEKLY PLAN

- [ ]
- [ ]
- [ ]
- [ ]

MAY

MONDAY

TUESDAY

WEDNESDAY

THURSDAY

위대한 인물에게는 목표가 있고, 평범한 사람들에게는 소망이 있을 뿐이다.
— 워싱턴 어빙

FRIDAY

SATURDAY

SUNDAY

WEEKLY PLAN

☐

☐

☐

☐

MAY

MONDAY

TUESDAY

WEDNESDAY

THURSDAY

꿈을 기록하는 것이 나의 목표였던 적은 없다. 꿈을 실현하는 것이 나의 목표이다.
-만 레이

FRIDAY

SATURDAY

SUNDAY

WEEKLY PLAN

- ☐
- ☐
- ☐
- ☐

MAY

MONDAY

TUESDAY

WEDNESDAY

THURSDAY

치밀하고 합리적인 계획은 성공하지만 어떤 느낌이나 불쑥 떠오른 생각에 의한 행동은
실패하는 경우가 많다. 큰 목표일수록 잘게 썰어라. -디오도어 루빈

FRIDAY

SATURDAY

SUNDAY

WEEKLY PLAN

- ☐
- ☐
- ☐
- ☐

MAY

MONDAY

TUESDAY

WEDNESDAY

THURSDAY

현재 우리 모습은 과거에 우리가 했던 생각의 결과다.
- 석가모니

FRIDAY

SATURDAY

SUNDAY

WEEKLY PLAN

☐

☐

☐

☐

MEMO

MEMO

MEMO

MEMO

MEMO

최고의 달란트는 신념이다

"할 수 있다는 신념을 품으면 처음에는 그런 능력이 없을지라도 나중에는 틀림없이 할 수 있는 능력을 갖게 된다."

마하트마 간디의 말이다.

신념이 재능을 만들어낸다는 뜻이다. 우리가 부정적인 생각에 길들여지는 가장 큰 이유는 전투의지가 없기 때문이다. 익숙한 삶의 맥락에서 벗어나는 상황을 두려워하기 때문이다. 어디로 갈 수도 없고, 어디로 가지 않을 수도 없을 때 부정적인 생각은 우리의 삶에 태연한 표정으로 끼어든다. 그리고 그 딜레마적 상황에 계속 머무를 수 있도록 갖가지 핑계를 달아준다.

인생전략을 세울 때는 탈출구를 찾아서는 안 된다. 반드시 돌파구를 마련해야 한다.

우리에게 '앞으로 1년'이라는 전략이 필요한 건 변화를 위해서다. 처음엔 기존의 밸런스가 무너지고 맞지 않는 옷을 입은 듯 불편해지게 마련이다. 하지만 곧 그것 또한 익숙해지고 만다. 사람

에겐 누구나 특유의 적응력이 있기 때문이다. 이 적응력의 물꼬를 부정적 방향으로 틀 것인가, 긍정적 방향으로 틀 것인가에 따라 인생은 놀라운 차이를 나타낸다.

전략을 세운다는 것은 전혀 차원이 다른 삶으로 가는 여행이다.
새로운 목적지가 생겨난다.
그렇다면 망설이지 말고 떠나라.
진정 좋아하고 원하는 일이 무엇인지 발견하게 된다.
그렇다면 망설이지 말고 그 일을 사랑하라.

JUNE

	MEMO		SUN		MON		TUE
		28		29		30	
		4		5		6 현충일	
		11		12		13	
		18		19		20	
		25		26		27	

WED	THU	FRI	SAT
31	1	2	3
7	8	9	10
14	15	16	17
21	22	23	24
28	29	30	1

JUNE

MONDAY

TUESDAY

WEDNESDAY

THURSDAY

승자가 즐겨 쓰는 말은 "다시 한번 해보자"이고
패자가 즐겨 쓰는 말은 "해봐야 별 수 없다"이다. -탈무드

FRIDAY

SATURDAY

SUNDAY

WEEKLY PLAN

- [ ]
- [ ]
- [ ]
- [ ]

JUNE

MONDAY

TUESDAY

WEDNESDAY

THURSDAY

숙고할 시간을 가져라. 하지만 행동할 때가 오면 생각을 멈추고 뛰어들어라.
- 나폴레옹

FRIDAY

SATURDAY

SUNDAY

WEEKLY PLAN

☐
☐
☐
☐

JUNE

MONDAY

TUESDAY

WEDNESDAY

THURSDAY

당장 편하자고 남의 손을 빌리면 성공의 기쁨도 영영 남의 것이 된다.
- 앤드류 매튜스

FRIDAY

SATURDAY

SUNDAY

WEEKLY PLAN

- ☐
- ☐
- ☐
- ☐

JUNE

MONDAY

TUESDAY

WEDNESDAY

THURSDAY

나는 낙심하지 않는다. 모든 잘못된 시도는 전진을 위한 또 다른 발걸음이니까.
- 토머스 에디슨

FRIDAY

SATURDAY

SUNDAY

WEEKLY PLAN

- ☐
- ☐
- ☐
- ☐

JUNE

MONDAY

TUESDAY

WEDNESDAY

THURSDAY

계단의 처음과 끝을 다 보려하지 마라. 그냥 발을 내딛어라.
-마틴 루터 킹

FRIDAY

SATURDAY

SUNDAY

WEEKLY PLAN

- [ ]
- [ ]
- [ ]
- [ ]

MEMO

MEMO

MEMO

MEMO

MEMO

JULY

단순함에 답이 있다

성공하는 사람과 실패하는 사람의 가장 큰 차이는 무엇일까? 그건 바로 '단순함'의 차이다.

단순하게 산다는 것은 인생의 본질에 집중한다는 것이다. 본질을 겹겹이 싸고 있는 비본질적인 것들을 과감하게 정리하고 청산할 수 있을 때 우리는 우리의 목표에 명확하게 접근해나갈 수 있다.

'하이 퍼포머(high performer)'라 자타가 공인하는 어느 비즈니스맨에게서 이런 이야기를 들었다.

"제가 하고 있는 일에서 성과를 낼 수 있는 가장 좋은 방법은, 제 일을 가장 잘 아는 사람들과 함께 하는 자리를 많이 갖는 것이었어요. 밥을 먹을 때도 술을 마실 때도 잠을 잘 때도 오직 성과만 머릿속에 박혀 있기 때문에 사실 제 일을 잘 모르는 사람들과 자리를 하면 별로 재미가 없었어요. 차라리 그 시간에 나와 목표가 비슷한 사람, 고민과 열망이 비슷한 사람과 대화를 나누는 게 훨씬 재미있고 좋은 아이디어도 얻게 되죠. 그러다 보니 회사 내에서도 몇몇 사람들과만 밥을 먹고 술을 마시고 함께 야근합니다. 24시간 붙어 다니죠. 그렇게 인간관계가 단순해지다 보니까 성과는 자연스럽게 올라가더군요. 단순해졌다고 해서 결코 협소해진 건 아니에요. 지금 만나고 있는 사람들만으로도 제 인생은 즐겁고 행복합니다."

그는 꿈과 열정의 수준이 비슷한 사람들과의 관계에 집중함으로써 '성과'라는 목표를 실현해나갔다. 인간관계의 본질이란 바로 이런 것이다. 스마트폰에 수천 개의 전화번호가 저장되어 있는 것과 풍성한 인맥과는 별 관계가 없다.

많은 사람을 만나는 것이 아니라, 자신의 목표에 대해 많은 얘기를 나눌 수 있는 사람과 만나는 것이 중요하다.

JULY

	MEMO		SUN		MON		TUE
			25		26		27
			2		3		4
			9		10		11
			16		17		18
			23		24		25
			30		31		

단순함에 답이 있다

	WED		THU		FRI		SAT
	28		29		30		1
	5		6		7		8
	12		13		14		15
	19		20		21		22
	26		27		28		29

JULY

MONDAY

TUESDAY

WEDNESDAY

THURSDAY

중요한 일에 종사하고 있는 사람은 생활이 단순하다.
그들은 쓸데없는 일에 마음을 쓸 겨를이 없기 때문이다 -톨스토이

FRIDAY

SATURDAY

SUNDAY

WEEKLY PLAN

- [ ]
- [ ]
- [ ]
- [ ]

JULY

MONDAY

TUESDAY

WEDNESDAY

THURSDAY

인생은 본시 단순한 것이다. 그런데 사람들은 자꾸 복잡하게 만들려고 한다.
- 공자

FRIDAY

SATURDAY

SUNDAY

WEEKLY PLAN

- ☐
- ☐
- ☐
- ☐

JULY

MONDAY

TUESDAY

WEDNESDAY

THURSDAY

무언가를 단순하게 만들기 위해서는 당신의 생각을 깔끔하게 정리해야 한다.
- 스티브 잡스

FRIDAY

SATURDAY

SUNDAY

WEEKLY PLAN

☐
☐
☐
☐

JULY

MONDAY

TUESDAY

WEDNESDAY

THURSDAY

모든 것을 가능한 한 단순하게 만들어야 한다. '보다 단순하게'가 아니라.

- 아인슈타인

RIDAY

ATURDAY

SUNDAY

WEEKLY PLAN

- ☐
- ☐
- ☐
- ☐

JULY

MONDAY

TUESDAY

WEDNESDAY

THURSDAY

진정한 단순함은 선의와 아름다움을 겸비한다.
-플라톤

FRIDAY

SATURDAY

SUNDAY

WEEKLY PLAN

☐

☐

☐

☐

MEMO

MEMO

MEMO

MEMO

MEMO

AUGUST

반복이 행운을 만든다

어떤 분야에서건 지독한 연습 앞에선 돈도 배경도 학벌도 인맥도 무력해진다. 그리고 지독한 연습은 늘 '행운'과 동행한다. 의식적으로든 무의식적으로든, 우리는 늘 미래의 모습을 생각한다. 인간은 좀 더 나은 것을 지향하는 본능을 갖고 있기 때문이다. 그래서 우리는 늘 '희망'을 품고 살아간다. 희망은 곧 무엇인가를 '바라는 마음'이다. 하지만 안타깝게도 신은 우리에게 이 '바라는 마음'은 주었지만, 이를 실현하고자 하는 '열망'은 주지 않았다. 열망은 신이 아니라 오롯이 우리의 몫이다.

열망을 만들어내는 힘, 그것이 바로 지독한 연습이다.

평범한 사람은 결코 반복적인 일을 하지 못한다. 성공하는 사람만이 무한 반복이라는 높은 경지에 오를 수 있다. 어떤 일을 반복적으로 실행한다는 것은 그만큼 깊은 몰입의 상태에 있다는 뜻이다. '반복'을 크리에이티브한 일과는 상관없는 단순노동으로 생각하는 사람들이 많다. 하지만 그것은 전적으로 착각이다. 탁월한 창조는 끝없는 반복적 연습의 결과로 얻어진다.

파블로 피카소. 우리는 그를 천재화가로 부른다. 하지만 그가 지독한 연습벌레였다는 사실을 아는 사람은 많지 않다. 그는 그림의 기본기라 할 수 있는 데생 작업에 실로 엄청난 시간을 투자한 인물이었다. 그리고 그가 남긴 작품의 수는 무려 4만 5,000점에 이른다.

발레리나 강수진, 그녀는 1년에 발레슈즈를 1,000개나 갈아치웠다. 그녀의 어마어마한 연습량을 말해준다.

AUGUST

	SUN	MON	TUE
	30	31	1
	6	7	8
	13	14	15 광복절
	20	21	22
	27	28	29

WED	THU	FRI	SAT
2	3	4	5
9	10	11	12
16	17	18	19
23	24	25	26
30	31	1	2

AUGUST

MONDAY

TUESDAY

WEDNESDAY

THURSDAY

연습하면 할수록 더 많은 행운을 얻게 될 것이다.
- 게리 플레이어

FRIDAY

SATURDAY

SUNDAY

WEEKLY PLAN

- [ ]
- [ ]
- [ ]
- [ ]

AUGUST

MONDAY

TUESDAY

WEDNESDAY

THURSDAY

지속적인 노력, 이를 대신해줄 수 있는 것은 아무것도 없다.
- 캘빈 쿨리지

FRIDAY

SATURDAY

SUNDAY

WEEKLY PLAN

- [ ]
- [ ]
- [ ]
- [ ]

AUGUST

MONDAY

TUESDAY

WEDNESDAY

THURSDAY

FRIDAY

SATURDAY

SUNDAY

WEEKLY PLAN

- ☐
- ☐
- ☐
- ☐

AUGUST

MONDAY

TUESDAY

WEDNESDAY

THURSDAY

뛰어남은 훈련과 반복을 통해 얻어지는 예술이다.
- 아리스토텔레스

FRIDAY

SATURDAY

SUNDAY

WEEKLY PLAN

☐

☐

☐

☐

AUGUST

MONDAY

TUESDAY

WEDNESDAY

THURSDAY

어떠한 습관을 얻고자 한다면 그것을 많이, 자주 되풀이하면 된다.
- 에픽테토스

FRIDAY

SATURDAY

SUNDAY

WEEKLY PLAN

☐

☐

☐

☐

MEMO

MEMO

MEMO

MEMO

MEMO

SEPTEMBER

시간을 지배하는 자가 승리한다

현대 경영철학의 구루인 피터 드러커는 《피터 드러커의 경영 블로그》라는 책에서 현대인에게 시간관리가 얼마나 중요한지에 대해 이렇게 말했다.

"자기관리의 핵심은 시간관리다. 성과를 올리는 사람은 일에서 시작하지 않는다. 시간에서 시작한다. 계획으로부터도 시작하지 않는다. 무엇에 시간을 빼앗기고 있는가를 분명히 아는 것에서 시작한다. 그 다음에는 시간을 낭비하는 비생산적인 요구를 멀리 한다. 마지막으로 이렇게 얻어진 여분의 시간을 효과적으로 배치 한다."

자신의 인생을 주도적으로 사는 사람, 그 결과, 목표한 바를 얻어내는 사람들의 공통점은 바로 피터 드러커의 말대로 시간관리에 탁월하다는 것이다. 아무리 바쁜 사람이라 해도 하루 한 시간 정도는 자신의 의지대로 마음껏 활용할 수 있을 것이다. 바로 그

'하루 한 시간'만 제대로 경영하면 인생이 바뀐다. 아니, 정확하게 얘기하면 '자신이 원하는 모습의 인생으로' 바뀐다.

누구나 똑같은 초침과 시침을 가진 시계를 갖고 있지만, 누구나 똑같은 시간을 살아가는 건 아니다. 우리가 1년 전략을 세워야 하는 이유들 중 하나는 우리 삶의 '플러스 한 시간'을 찾아내기 위해서다. 이 '플러스 한 시간'은 인생을 새로운 기회의 무대에 세운다. '오늘은 또 어떤 일이 내게 생길까?' 하는 기대를 만들어낸다.

SEPTEMBER

	MEMO		SUN		MON		TUE
			27		28		29
			3		4		5
			10		11		12
			17		18		19
			24		25		26

WED	THU	FRI	SAT
30	31	1	2
6	7	8	9
13	14	15	16
20	21	22	23
27	28	29	30

SEPTEMBER

MONDAY

TUESDAY

WEDNESDAY

THURSDAY

사람들은 돈을 시간보다 더 소중히 여긴다.
그러나 그로 인해 잃어버린 시간은 돈으로 결코 사들일 수 없다. -〈탈무드〉

FRIDAY

SATURDAY

SUNDAY

WEEKLY PLAN

- [ ]
- [ ]
- [ ]
- [ ]

SEPTEMBER

MONDAY

TUESDAY

WEDNESDAY

THURSDAY

당신은 지체할 수도 있지만, 시간은 그러하지 않을 것이다.
- 데일 카네기

FRIDAY

SATURDAY

SUNDAY

WEEKLY PLAN

- [ ]
- [ ]
- [ ]
- [ ]

SEPTEMBER

MONDAY

TUESDAY

WEDNESDAY

THURSDAY

낭비한 시간에 대한 후회는 더 큰 시간 낭비이다.
- 메이슨 쿨리

FRIDAY

SATURDAY

SUNDAY

WEEKLY PLAN

- ☐
- ☐
- ☐
- ☐

SEPTEMBER

MONDAY

TUESDAY

WEDNESDAY

THURSDAY

시간을 지배할 줄 아는 사람은 인생을 지배할 줄 아는 사람이다.
- 에센바흐

FRIDAY

SATURDAY

SUNDAY

WEEKLY PLAN

- ☐
- ☐
- ☐
- ☐

SEPTEMBER

MONDAY

TUESDAY

WEDNESDAY

THURSDAY

가장 바쁜 사람이 가장 많은 시간을 갖는다.
부지런히 노력하는 사람이 결국 많은 대가를 얻는다. - 알렉산드리아 피네

FRIDAY

SATURDAY

SUNDAY

WEEKLY PLAN

- [ ]
- [ ]
- [ ]
- [ ]

MEMO

MEMO

MEMO

MEMO

MEMO

OCTOBER

송곳처럼 한 점을 향해 달려라

두 제자가 스승으로부터 활쏘기를 배우고 있었다.

한 제자가 먼저 시위를 당겨 과녁을 조준했다.

스승이 물었다.

"지금 무엇이 보이느냐?"

"과녁이 있고, 그 주변에 소나무들이 보입니다."

그러자 스승은 활을 당장 내려놓으라고 소리쳤다.

또 다른 제자가 시위를 당겼다.

"지금 무엇이 보이느냐?"

"까만 점 하나만 보입니다."

그러자 스승은 고개를 끄덕였고, 한껏 당긴 시위에서 화살이 날아올랐다. 그리고 그 화살은 과녁의 한가운데에 정확히 꽂혔다.

스승은 말했다.

"활을 쏠 때 가장 중요한 것은 집중이다. 오직 과녁의 중심 하나에만 모든 정신을 모아야 하는 법이다."

명중시켜야 할 목표가 결정되었는가? 그렇다면 모든 삶의 초점은 그 한 점에 맞춰져야 한다.

당신은 지금 어떤 한 점을 위해 일하고 있는가?
이곳저곳 구멍만 뚫어놓고 있는 것은 아닌가?
아니면 아직 정조준할 어떤 점도 갖고 있지 못하는가?

OCTOBER

	MEMO		SUN		MON		TUE
			1	2		3 개천절	
			8	9 한글날		10	
			15	16		17	
			22	23		24	
			29	30		31	

WED	THU	FRI	SAT
4 추석	5	6 대체 휴일	7
11	12	13	14
18	19	20	21
25	26	27	28
1	2	3	4

OCTOBER

MONDAY

TUESDAY

WEDNESDAY

THURSDAY

겨누지 않고 쏘면 100% 빗나간다.

- 웨인 그레츠키

FRIDAY

SATURDAY

SUNDAY

WEEKLY PLAN

- ☐
- ☐
- ☐
- ☐

OCTOBER

MONDAY

TUESDAY

WEDNESDAY

THURSDAY

목표가 없는 사람은 평탄한 길에서조차 앞으로 걸어가지 않는다.
목표가 분명한 사람은 험한 산길에서도 힘차게 앞으로 나아간다. - 토머스 칼라일

FRIDAY

SATURDAY

SUNDAY

WEEKLY PLAN

- [ ]
- [ ]
- [ ]
- [ ]

OCTOBER

MONDAY

TUESDAY

WEDNESDAY

THURSDAY

무엇엔가 오랫동안 몰입한다면, 우리는 원하는 모든 것을 얻을 수 있다.
- 헬렌 켈러

FRIDAY

SATURDAY

SUNDAY

WEEKLY PLAN

- [ ]
- [ ]
- [ ]
- [ ]

OCTOBER

MONDAY

TUESDAY

WEDNESDAY

THURSDAY

성공하는 사람은 송곳처럼 어느 한 점을 위해 일한다.

- 크리스찬 보비

FRIDAY

SATURDAY

SUNDAY

WEEKLY PLAN

- [ ]
- [ ]
- [ ]
- [ ]

OCTOBER

MONDAY

TUESDAY

WEDNESDAY

THURSDAY

사람은 목표를 가짐으로써 스스로 크게 된다.
– 실러

FRIDAY

SATURDAY

SUNDAY

WEEKLY PLAN

- ☐
- ☐
- ☐
- ☐

MEMO

MEMO

MEMO

MEMO

NOVEMBER

따뜻한 독종이 되라

독한 놈.

당신은 지금껏 살면서 '독한 놈' 소리를 들어본 적 있는가. 듣기에 따라서는 부정적인 의미로 들릴 수도 있지만, 내가 여기서 말하는 '독한 놈'이란 도처에 널려 있는 유혹과 함정에 일절 눈길조차 주지 않고, 오로지 자신이 가고자 하는 길을 꿋꿋이 걸어가는 굳은 의지와 강한 정신력의 소유자를 말한다.

'독한 놈'의 진정한 의미는 이런 것이다.

'저 친구 아주 독한 데가 있어. 나중에 되도 아주 크게 되겠어.'

'김 대리 말이야, 정말 지독한 친구야. 내가 뭐든 믿고 맡길 수 있는 유일한 녀석이지.'

'뭐? 하루에 5시간을 불어 공부에 투자한다고? 대학 때는 영어에 미쳐 있더니 이젠 불어까지… 직장 다니면서 그게 정말 가능하기나 한 거냐? 대체 너의 끝은 어디니?'

성공하는 독종들은 1분 1초가 아까워 발을 동동 구르는 사람들이다. 평범한 사람들의 한 시간을 그들은 두 시간, 세 시간처럼 산다. 그러니 어떻게 성공을 하지 않을 수 있겠는가? 언젠가 대기업 임원 한 분이 내게 이런 말씀을 해주셨다. "세상에는 '성공하는 사람'은 없어요. 오직 '성공할 수밖에 없는 사람'만 있죠."

실패가 조금도 끼어들 수 없는 사람,
그래서 성공할 수밖에 없는 사람,
성공 외에는 다른 도리가 없는 사람은 한결같이 미친 듯이 파고드는 독종이다.

NOVEMBER

	MEMO		SUN		MON		TUE
		29		30		31	
		5		6		7	
		12		13		14	
		19		20		21	
		26		27		28	

따뜻한 독종이 되라

	WED		THU		FRI		SAT
1		2		3		4	
8		9		10		11	
15		16		17		18	
22		23		24		25	
29		30		1		2	

NOVEMBER

MONDAY

TUESDAY

WEDNESDAY

THURSDAY

자신이 좋아하는 그 대상에 관해서는 그 누구보다도 많이 알게 될 때까지 계속 전진하라.
– 앨런 웨버

FRIDAY

SATURDAY

SUNDAY

WEEKLY PLAN

- ☐
- ☐
- ☐
- ☐

NOVEMBER

MONDAY

TUESDAY

WEDNESDAY

THURSDAY

당신은 왜 평범하게 노력하는가. 시시하게 살길 원치 않으면서! – 존 F. 케네디

FRIDAY

SATURDAY

SUNDAY

WEEKLY PLAN

- ☐
- ☐
- ☐
- ☐

NOVEMBER

MONDAY

TUESDAY

WEDNESDAY

THURSDAY

이 세상에 열정 없이 이루어진 위대한 것은 없다.
- 게오르크 빌헬름

FRIDAY

SATURDAY

SUNDAY

WEEKLY PLAN

- ☐
- ☐
- ☐
- ☐

NOVEMBER

MONDAY

TUESDAY

WEDNESDAY

THURSDAY

열정을 태울 때만 우리는 살아남는다.
- 벤저민 프랭클린

FRIDAY

SATURDAY

SUNDAY

WEEKLY PLAN

☐

☐

☐

☐

NOVEMBER

MONDAY

TUESDAY

WEDNESDAY

THURSDAY

최고의 경쟁력은 열정이다.
- 잭 웰치

FRIDAY

SATURDAY

SUNDAY

WEEKLY PLAN

MEMO

MEMO

MEMO

MEMO

MEMO

DECEMBER

당신은 누구인가?

"바다를 단번에 만들려 해서는 안 된다. 우선 냇물부터 만들어야 한다."

《탈무드》에 나오는 명언이다. 원대한 꿈은 작은 발걸음에서 시작한다는 인생의 진리를 담고 있다.

기백을 가진 사람은 결코 일희일비하지 않는다. 남이 나를 알아주지 않을까 전전긍긍하지 않는다. 기백을 가진 사람은 유유자적 가볍게 걷는다. 거침없이 자신의 삶을 향해 똑바로 걷는다.

큰 것을 택한다고 그것이 무조건 기백은 아니다. 아무리 작은 것이라도 부끄럼 없이 자신의 결단대로 선택하는 것, 그것이 기백이다. 기백의 반대편에는 '자기합리화'의 유혹이 손짓하고 있다. 우리의 인생전략이 그 유혹에 포착되는 순간, 우리의 삶은 변명으로 일관된다.

성공은 가능성에 초점을 맞추고, 실패는 합리화에 초점을 맞춘다. 성공하는 사람들은 1%의 가능성을 추구하고, 실패하는 사람들은 실패할 수밖에 없는 99%의 이유를 추구한다. 실패하는 사람들도 목표는 위대하다. 하지만 그 목표에 도달할 수 있는 단 하나의 루트를 찾는 데 집중하지 않는다. 도달할 수 없는 수백 가지의 이유를 찾는 데 혈안이 된다. 그렇게 해야만 심리적 갈등이 없어지고 만족을 얻기 때문이다.

결국 무소의 뿔처럼 혼자서 가는 사람이 성공하는 것이다. 세상사람 다 몰라도 당신은 안다. 당신 자신에게 한 치의 부끄럼이 없는 기백을 가져라.

그러면 당신은 성공할 수밖에 없는 인생을 살게 될 것이다.

지난 1년은 당신의 성공에 작은 발걸음이었을지 모른다.

1년간 당신은 무소의 뿔처럼 왔는가?

지금 당신은 어디에 있는가?

어떤 사람들과 함께하고 있는가?

당신은 누구인가?

DECEMBER

	MEMO		SUN		MON		TUE
			26		27		28
			3		4		5
			10		11		12
			17		18		19
			24		25 성탄절		26
			31				

당신은 누구인가?

	WED		THU		FRI		SAT
29		30		1		2	
6		7		8		9	
13		14		15		16	
20 19대 대통령 선거		21		22		23	
27		28		29		30	

DECEMBER

MONDAY

TUESDAY

WEDNESDAY

THURSDAY

10층 석탑도 작은 벽돌을 하나하나 쌓아 올리는 것에서 출발한다. 마지막에 이르기까지
처음과 마찬가지로 주의를 기울이면 어떤 일이라도 탁월하게 해낼 수 있다. - 노자

FRIDAY

SATURDAY

SUNDAY

WEEKLY PLAN

- ☐
- ☐
- ☐
- ☐

DECEMBER

MONDAY

TUESDAY

WEDNESDAY

THURSDAY

보통사람은 일이 잘 풀리지 않으면 늘 다른 사람이나 환경 탓으로 돌린다.
그러나 뛰어난 사람은 자신의 내면을 성찰한다. - 브라이언 트레이시

FRIDAY

SATURDAY

SUNDAY

WEEKLY PLAN

- ☐
- ☐
- ☐
- ☐

DECEMBER

MONDAY

TUESDAY

WEDNESDAY

THURSDAY

위대한 목수는 아무도 볼 수 없다고 해서 장롱 뒤판에 나쁜 목재를 쓰지 않는다.
- 스티브 잡스

FRIDAY

SATURDAY

SUNDAY

WEEKLY PLAN

- ☐
- ☐
- ☐
- ☐

DECEMBER

MONDAY

TUESDAY

WEDNESDAY

THURSDAY

꿈을 향해 대담하게 나아가고 상상한 삶을 살기 위해 노력을 기울이면,
평범한 시기에 뜻밖의 성공을 접하게 될 것이다. - 헨리 데이비드 소로

FRIDAY

SATURDAY

SUNDAY

WEEKLY PLAN

- ☐
- ☐
- ☐
- ☐

DECEMBER

MONDAY

TUESDAY

WEDNESDAY

THURSDAY

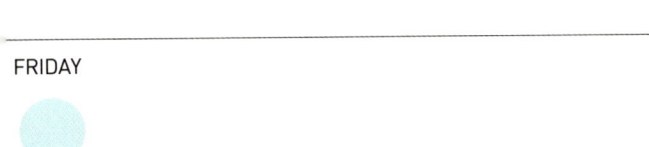

반성하지 않는 삶은 살 가치가 없다.
– 소크라테스

FRIDAY

SATURDAY

SUNDAY

WEEKLY PLAN

- ☐
- ☐
- ☐
- ☐

MEMO

MEMO

MEMO

MEMO

MEMO

MEMO

하우석 《기획 천재가 된 홍대리》《하우석의 100억짜리 기획노트》《발표의 기술》《뜨거운 관심》 등이 베스트셀러에 오르면서 자타가 공인하는 젊은 직장인들의 대표 멘토가 되었다. 현재는 한국영상대학교에서 후학들을 양성하며 연구와 집필에 정진하고 있다.

전작《내 인생 5년 후》에서 성공하는 사람들의 남다른 인생전략을 추적하고 그들이 목표를 어떻게 세우고 실행하고 꿈을 이루는지 낱낱이 밝힌 바 있다. 책을 읽고 변화를 계획하는 사람들을 위해 이 다이어리북을 준비했다. 일과 삶에 획기적인 변화를 가져올 당신만의 1년을 차곡차곡 쌓아가길 응원한다.

1 YEAR PROJECT
1년, 내 인생 최고의 목표를 완성하는 시간

초판 1쇄 발행 2016년 11월 1일

지은이 하우석
발행인 곽철식
편집 김영혜 권지숙
마케팅 황호범
발행처 다온북스

출판등록 2011년 8월 18일
주소 서울 마포구 토정로 222, 415호
전화 02-332-4972 팩스 02-332-4872

인쇄와 제본 민언프린텍·다인바인텍

ISBN 979-11-85439-45-7 13190

• 이 책은 저작권법에 따라 보호를 받는 저작물이므로 무단전재와 복제를 금하며, 이 책 내용의 전부 또는 일부를 사용하려면 반드시 저작권자와 다온북스의 서면 동의를 받아야 합니다.
• 잘못되거나 파손된 책은 구입하신 서점에서 교환해 드립니다.